Guillaume Marinette
Fotos von David Japy

PARTY-IDEEN mit Fertig-Pizzateig

schnell, einfach & lecker

Bassermann

Inhalt

Camembert-Schiffchen

VORBEREITEN: 10 MIN. | BACKEN: 20 MIN.

FÜR 6 SCHIFFCHEN

1 rechteckiger Pizzateig (aus dem Kühlregal)
2 Zwiebeln
3 Stängel Petersilie
½ Camembert
150 g Speck
1 TL Pflanzenöl
1 Eigelb, verquirlt

ZUBEREITUNG

- Den Backofen auf 210°C (Ober- und Unterhitze) vorheizen. Ein Backblech mit Backpapier auslegen. Den Teig in sechs Rechtecke schneiden. Die Zwiebeln schälen und würfeln. Die Petersilie hacken, Camembert und Speck separat in Würfel schneiden.
- Das Öl in einer Antihaft-Pfanne erhitzen und die Zwiebeln darin 5 Minuten anbräunen.
- Den Großteil des Specks jeweils an die beiden langen Seiten der Rechtecke legen. Die Seiten so weit einrollen, dass der Speck umwickelt ist. Die Enden der entstandenen Rollen mit zwei Fingern zu Schiffchen zusammendrücken und auf das vorbereitete Backblech legen.
- Die Schiffchen mit gebratenen Zwiebeln, Camembert- und den übrigen Speckwürfeln füllen. Die Teigoberfläche mit dem Eigelb bestreichen und die Schiffchen 20 Minuten im vorgeheizten Ofen backen.
- Aus dem Ofen nehmen und mit der Petersilie bestreut heiß servieren.

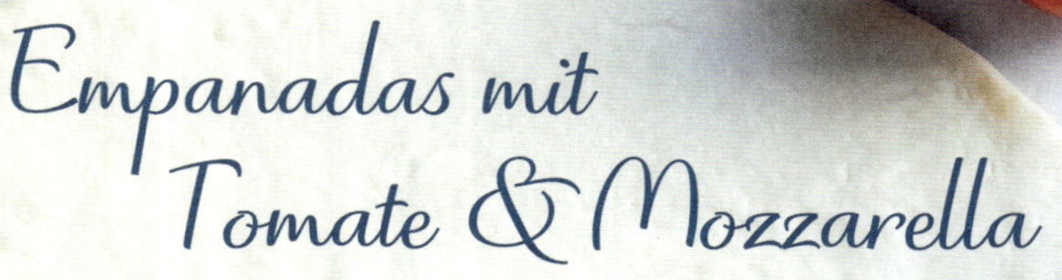

VORBEREITEN: 10 MIN. | BACKEN: 20 MIN.

FÜR 6 PERSONEN

1 Knoblauchzehe
900 g geschälte ganze Tomaten aus der Dose
6 Stängel Petersilie
Salz und Pfeffer
1 Pizzateig (aus dem Kühlregal)
4 Scheiben Mozzarella
1 Eigelb, verquirlt

ZUBEREITUNG

- Den Backofen auf 210°C (Ober- und Unterhitze) vorheizen. Den Knoblauch schälen und hacken, Tomaten abtropfen und Petersilie hacken.
- Eine Pfanne auf mittlerer Stufe erhitzen und die Tomaten mit Petersilie und Knoblauch darin erhitzen, bis die Flüssigkeit verdampft ist. Abschmecken und beiseitestellen.
- Den Pizzateig ausrollen und mithilfe einer kleinen Schüssel vier Teigkreise ausstechen. Je eine Hälfte jeder Scheibe drei- bis viermal einritzen. Die intakte Hälfte mit der Tomatenmischung belegen, dabei zum Rand 1 cm aussparen. Mit einer Mozzarellascheibe belegen und den Teig zusammenklappen. Die Ränder gut zusammendrücken.
- Mit dem Eigelb bestreichen und 20 Minuten im vorgeheizten Ofen backen.

Flammkuchenschnecken

VORBEREITEN: 10 MIN. | RUHEN 10 MIN. | BACKEN: 25 MIN.

FÜR 6 PERSONEN

2 Zwiebeln
1 rechteckiger Pizzateig (aus dem Kühlregal)
150 g Speck
1 TL Pflanzenöl
150 g Crème fraîche
1 Prise Muskatnuss
1 Eigelb, verquirlt

ZUBEREITUNG

- Den Backofen auf 210°C (Ober- und Unterhitze) vorheizen. Ein Backblech mit Backpapier auslegen. Die Zwiebeln in Streifen schneiden und den Speck in Würfel.
- Das Öl in einer Pfanne erhitzen und die Zwiebelstreifen darin anbraten. Nach 2 Minuten 2 Esslöffel Wasser zugeben und die Zwiebeln weiterbraten, bis sie glasig sind.
- Den Teig ausrollen und die Crème fraîche darauf verstreichen. Mit Muskat bestreuen. Mit Zwiebeln und Speckwürfeln belegen und den Teig von der langen Kante aus fest aufrollen.
- Für 10 Minuten in den Tiefkühler legen, dann in 2–3 cm dicke Scheiben schneiden. Diese auf das vorbereitete Backblech legen.
- Mit dem Eigelb bestreichen und 25 Minuten im vorgeheizten Ofen backen. Heiß oder lauwarm servieren.

Würzige Knabberei

VORBEREITEN: 5 MIN. | BACKEN: 3 MIN. PRO BACKVORGANG

FÜR 8 PERSONEN

½ Kabanossi oder Chorizo
1 Pizzateig (aus dem Kühlregal)

ZUBEREITUNG

- Die Wurst gegebenenfalls häuten und in dünne Scheiben schneiden.
- Den Teig ausrollen und mithilfe eines Glases möglichst viele Teigkreise ausstechen.
- In die Mitte jedes Kreises je eine Wurstscheibe legen. Den Teig um die Füllung wickeln und zu einer Kugel formen.
- 3 Minuten im Waffeleisen backen. Je nach Größe des Waffeleisens lassen sich bis zu 6 Miniwaffeln gleichzeitig backen.
- Heiß oder lauwarm servieren.

Aperitif-Häppchen

VORBEREITEN: 10 MIN. | BACKEN: 20 MIN.

FÜR 8 PERSONEN

2 Portionen Pizzateig (aus dem Kühlregal)
Butter zum Einfetten
2 Scheiben geräucherter Lachs oder Forelle
50 g Crème fraîche
3 Stängel Dill
15 Kirschtomaten
100 g Ziegenkäserolle
2 Scheiben Kochschinken
1 Kugel Mozzarella
15 grüne Oliven
100 g Feta
1 Eigelb, verquirlt
je 1 EL Oregano, Mohn und Sesam
Salz und Pfeffer

ZUBEREITUNG

- Den Backofen auf 210°C (Ober- und Unterhitze) vorheizen. Eine runde Auflaufform einfetten.
- Den Pizzateig ausrollen und mithilfe eines Glases möglichst viele Teigkreise ausstechen. Diese in vier gleich große Portionen aufteilen.
- Jede Portion folgendermaßen belegen:
  - 1 kleines Stück Räucherlachs, ½ Teelöffel Crème fraîche, etwas Dill
  - 1 Kirschtomate, 1 kleines Stück Ziegenkäse
  - 1 Stück Schinken, 1 Stück Mozzarella
  - 1 grüne Olive, 1 Stück Feta
- Nach Geschmack mit Salz und Pfeffer bestreuen.
- Den Teig um die Füllung wickeln und zu einer Kugel formen. Die Kugeln in konzentrischen Kreise in die Form legen. Dabei so anrichten, dass jeweils Kugeln mit der gleichen Füllung ein Viertel bilden.
- Die Oberfläche mit dem Eigelb bestreichen. Je ein Teigviertel mit Oregano, Mohn und Sesam bestreuen (ein Teigviertel bleibt frei). 20 Minuten im vorgeheizten Ofen backen.
- Warm servieren.

Pizzakugeln

VORBEREITEN: 15 MIN. | BACKEN: 20 MIN.

FÜR 8 PERSONEN

100 g fertige Tomatensauce
1 Kugel Mozzarella
2 Tomaten
1 Knoblauchzehe
3 Portionen Pizzateig (aus dem Kühlregal)
30 entsteinte schwarze Oliven
1 EL getrockneter Oregano
3 EL Olivenöl
Salz und Pfeffer

ZUBEREITUNG

- Den Backofen auf 210°C (Ober- und Unterhitze) vorheizen. Eine Tarteform mit Backpapier auslegen. Die Tomatensauce in eine kleine hitzebeständige Schüssel füllen und in die Mitte der Tarteform stellen.
- Mozzarella und Tomaten in Stücke schneiden. Den Knoblauch fein hacken. Den Teig ausrollen und mithilfe eines Glases möglichst viele Teigkreise ausstechen.
- Auf jeden Teigkreis je ein Mozzarella- und Tomatenstück sowie eine Olive legen. Mit Salz und Pfeffer bestreuen. Den Teig um die Füllung wickeln und zu einer Kugel formen. Die Kugeln um die kleine Schüssel in der Form herum anrichten, sodass die Form gefüllt ist.
- Den Knoblauch mit Oregano und Olivenöl in einer Schale vermischen und die Teigkugeln mit diesem Würzöl bestreichen. 20 Minuten im vorgeheizten Ofen backen. Heiß oder lauwarm servieren.

Käsekranz

VORBEREITEN: 10 MIN. | BACKEN: 20 MIN.

FÜR 6 PERSONEN

1 Ofenkäse
1 Stück Knoblauchwurst (ca. 10 cm)
2 Portionen Pizzateig (aus dem Kühlregal)
1 Eigelb, verquirlt

ZUBEREITUNG

- Den Backofen auf 210°C (Ober- und Unterhitze) vorheizen. Ein Backblech mit Backpapier auslegen und den Ofenkäse in die Mitte stellen.
- Die Wurst in Scheiben schneiden und diese vierteln.
- Den Teig ausrollen und mit einem Glas möglichst viele Teigkreise ausstechen. Auf jeden Teigkreis ein Stück Wurst legen. Den Teig um die Wurst wickeln und zu einer Kugel formen.
- Die Kugeln um den Käse herum anrichten und mit dem Eigelb bestreichen.
- 20 Minuten im vorgeheizten Ofen backen. Heiß oder lauwarm servieren.

Wurstsnack

VORBEREITEN: 10 MIN. | BACKEN: 20 MIN.

ERGIBT 8 STÜCKE

2 Portionen Pizzateig (aus dem Kühlregal)
10 kleine Wiener- oder Bockwürstchen
1 Kugel Mozzarella
1 Eigelb, verquirlt

ZUBEREITUNG

- Den Backofen auf 210°C (Ober- und Unterhitze) vorheizen. Ein Backblech mit Backpapier auslegen.
- Den Teig ausrollen und in zehn Rechtecke schneiden, die die Länge eines Würstchens und die Breite von drei Würstchen haben. Den Mozzarella in acht Scheiben schneiden.
- Jedes Würstchen in ein Rechteck einrollen, dann jede Rolle in 3 cm lange Stücke schneiden. Wie auf dem Foto rechts zu Dreiecken arrangieren und fest zusammendrücken.
- Auf jedes Päckchen eine Scheibe Mozzarella legen. Aus dem verbliebenen Teig Dreiecke schneiden, um die Päckchen abzudecken. Die Teigdreiecke auf die Mozzarellascheiben legen und das Ganze jeweils umdrehen. Den Teig rund um die Würstchen mit dem Eigelb bestreichen und die Päckchen 20 Minuten im vorgeheizten Ofen backen. Heiß oder lauwarm servieren

Stern mit Käse & Schinken

VORBEREITEN: 10 MIN. | BACKEN: 20 MIN.

FÜR 8 PERSONEN

1 runder Pizzateig (aus dem Kühlregal)
200 g Raclettekäse in Scheiben
3 gekochte Kartoffeln
2 Scheiben Kochschinken
1 Eigelb, verquirlt
Salz und Pfeffer

ZUBEREITUNG

- Den Backofen auf 210°C (Ober- und Unterhitze) vorheizen. Ein Backblech mit Backpapier auslegen.
- Den Teig ausrollen und in acht gleich große Stücke schneiden. Die Stücke in Kranzform so auf das vorbereitete Backblech legen, dass die Spitzen nach außen zeigen und einen Stern bilden.
- Nun den Teig mit Käse, Kartoffelscheiben, Schinken und einer weiteren Schicht Käse belegen, dabei in der Mitte einen Kreis mit 10 cm Durchmesser aussparen. Mit Salz und Pfeffer bestreuen. Nun den Teig aus der Mitte etwas über den Belag schlagen.
- Mit dem Eigelb bestreichen und 20 Minuten im vorgeheizten Ofen backen.
- Heiß servieren.

Knabberschlinge

VORBEREITEN: 8 MIN. | BACKEN: 20 MIN.

FÜR 6 PERSONEN

2 Portionen Pizzateig (aus dem Kühlregal)
100 g passierte Tomaten
1 TL getrockneter Oregano
Salz und Pfeffer
1 Kugel Mozzarella

ZUBEREITUNG

- Den Backofen auf 210°C (Ober- und Unterhitze) vorheizen.
- Einen Teig ausrollen und mit den passierten Tomaten bestreichen. Dabei einen 1 cm breiten Rand aussparen. Mit Oregano, Salz und Pfeffer bestreuen.
- Den Mozzarella in kleine Stücke schneiden und gleichmäßig auf den passierten Tomaten verteilen. Den zweiten Teig ebenfalls entrollen und darüberlegen. Die beiden Teigplatten an den Rändern fest zusammendrücken.
- Den Teig längs in vier Streifen schneiden und diese an den Rändern wieder fest zusammendrücken. Dann die vier Teigstreifen an den kurzen Kanten zu einem langen Streifen zusammendrücken und verbinden. In der Mitte zusammenklappen und die beiden Teigstränge gleichmäßig verdrehen. Vorsichtig zu einer losen Schlinge binden.
- Mit dem Eigelb bestreichen und 20 Minuten im vorgeheizten Ofen backen. Heiß oder lauwarm servieren.

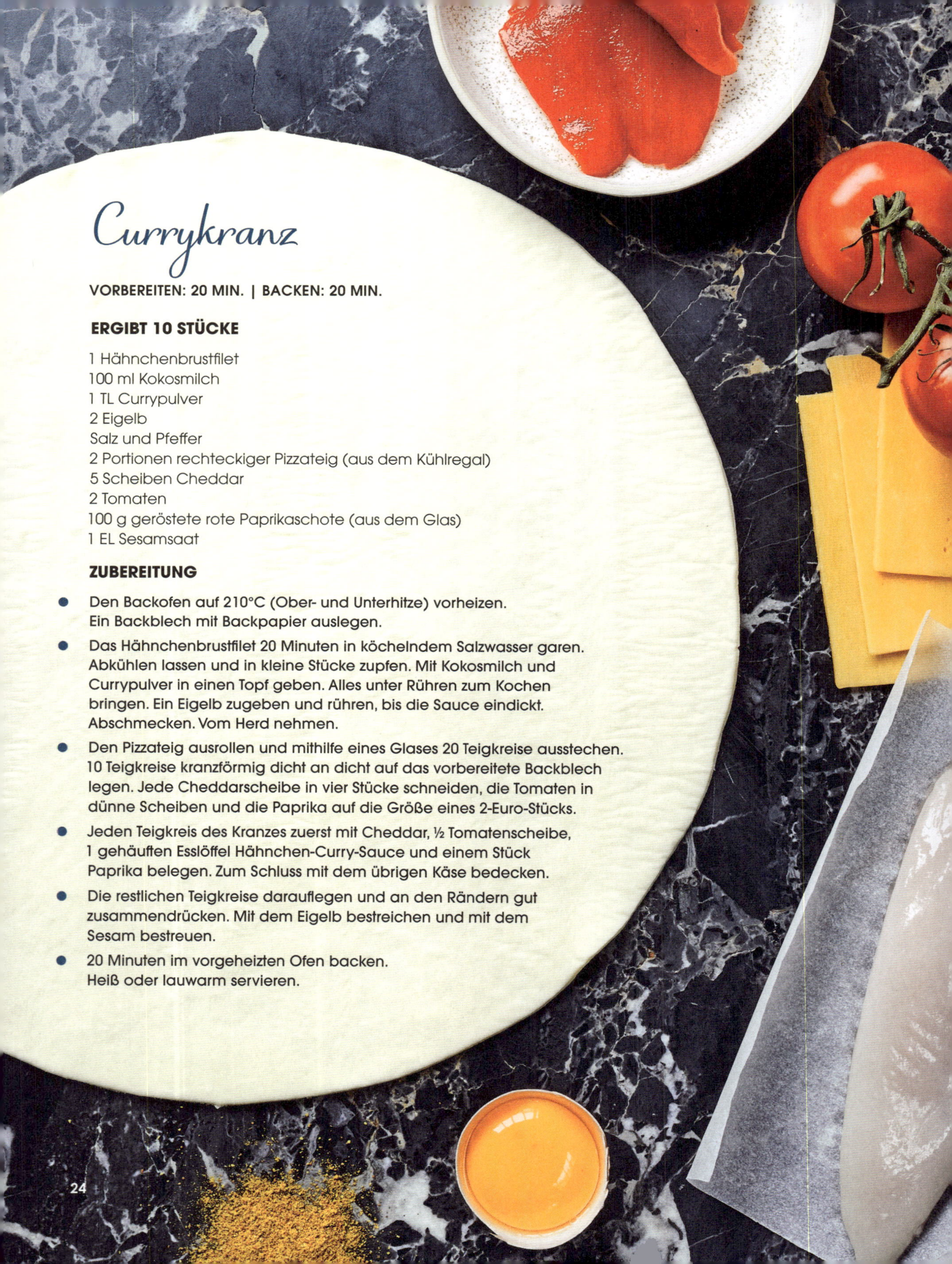

Currykranz

VORBEREITEN: 20 MIN. | BACKEN: 20 MIN.

ERGIBT 10 STÜCKE

1 Hähnchenbrustfilet
100 ml Kokosmilch
1 TL Currypulver
2 Eigelb
Salz und Pfeffer
2 Portionen rechteckiger Pizzateig (aus dem Kühlregal)
5 Scheiben Cheddar
2 Tomaten
100 g geröstete rote Paprikaschote (aus dem Glas)
1 EL Sesamsaat

ZUBEREITUNG

- Den Backofen auf 210°C (Ober- und Unterhitze) vorheizen. Ein Backblech mit Backpapier auslegen.
- Das Hähnchenbrustfilet 20 Minuten in köchelndem Salzwasser garen. Abkühlen lassen und in kleine Stücke zupfen. Mit Kokosmilch und Currypulver in einen Topf geben. Alles unter Rühren zum Kochen bringen. Ein Eigelb zugeben und rühren, bis die Sauce eindickt. Abschmecken. Vom Herd nehmen.
- Den Pizzateig ausrollen und mithilfe eines Glases 20 Teigkreise ausstechen. 10 Teigkreise kranzförmig dicht an dicht auf das vorbereitete Backblech legen. Jede Cheddarscheibe in vier Stücke schneiden, die Tomaten in dünne Scheiben und die Paprika auf die Größe eines 2-Euro-Stücks.
- Jeden Teigkreis des Kranzes zuerst mit Cheddar, ½ Tomatenscheibe, 1 gehäuften Esslöffel Hähnchen-Curry-Sauce und einem Stück Paprika belegen. Zum Schluss mit dem übrigen Käse bedecken.
- Die restlichen Teigkreise darauflegen und an den Rändern gut zusammendrücken. Mit dem Eigelb bestreichen und mit dem Sesam bestreuen.
- 20 Minuten im vorgeheizten Ofen backen. Heiß oder lauwarm servieren.

Pizzabrötchen mit Wurst-Käse-Füllung

VORBEREITEN: 10 MIN. | BACKEN: 20 MIN.

FÜR 8 PIZZABRÖTCHEN

½ Kugel Mozzarella
2 Portionen Pizzateig (aus dem Kühlregal)
8 Scheiben Chorizo oder Kabanossi
100 g geröstete rote Paprikaschote (aus dem Glas)
1 Eigelb, verquirlt
½ TL Oregano

ZUBEREITUNG

- Den Backofen auf 210°C (Ober- und Unterhitze) vorheizen. Ein Backblech mit Backpapier auslegen. Den Mozzarella in vier Scheiben schneiden und diese halbieren.
- Den Pizzateig ausrollen und mithilfe eines Glases 16 Teigkreise ausstechen. Acht Kreise auf das vorbereitete Backblech legen.
- Darauf je eine Scheibe Chorizo, ein Stück Mozzarella und ein Stück Paprika legen.
- Mit den übrigen acht Teigkreisen bedecken und an den Rändern gut zusammendrücken.
- Mit dem Eigelb bestreichen und mit Oregano bestreuen.
- 20 Minuten im vorgeheizten Ofen backen. Heiß oder lauwarm servieren.

Pizzaröllchen mit Camembert

VORBEREITEN: 10 MIN. | BACKEN: 20 MIN.

FÜR 8 PERSONEN

1 Camembert
2 Portionen Pizzateig (aus dem Kühlregal)
100 g rotes Pesto
1 Eigelb, verquirlt

ZUBEREITUNG

- Den Backofen auf 210°C (Ober- und Unterhitze) vorheizen. Eine Tarteform mit Backpapier auslegen und einen Camembert in einer Holzschachtel oder kleinen Auflaufform in der Mitte platzieren.
- Den Teig ausrollen und mithilfe eines Glases möglichst viele Teigkreise ausstechen. Jede Scheibe entlang des Radius einschneiden, dann das Pesto auf die rechte Hälfte streichen. Den Kreis von rechts nach links zu einer kleinen Tüte aufrollen (siehe Foto).
- Die kleinen Tüten rund um den Camembert wie eine Blüte anrichten.
- Mit dem Eigelb bestreichen und 20 Minuten im vorgeheizten Ofen backen. Sofort servieren.

Camembert im Nest

VORBEREITEN: 5 MIN. | BACKEN: 20 MIN.

FÜR 4 PERSONEN

150 g Speck
2 Stängel krause Petersilie
1 Camembert
1 runder Pizzateig (aus dem Kühlregal)
1 Ei
1 Eigelb, verquirlt

ZUBEREITUNG

- Den Backofen auf 210°C (Ober- und Unterhitze) vorheizen. Den Speck klein schneiden. Die Petersilie hacken.
- In den Camembert eine Vertiefung in Größe einer Espressotasse drücken. Das Ei aufschlagen und hineingleiten lassen.
- Den Pizzateig ausrollen und den Camembert in die Mitte legen. Den Großteil der Speckwürfel um den Käse herum verteilen.
- Nun den Teig vorsichtig um den Camembert herum aufrollen, dabei die Speckwürfel mit einschließen.
- Mit dem Eigelb bestreichen und mit dem übrigen Speck bestreuen.
- 20 Minuten im vorgeheizten Ofen backen. Mit Petersilie bestreut heiß oder lauwarm servieren.

Lachs-Ricotta-Rolle

VORBEREITEN: 10 MIN. | BACKEN: 20 MIN.

FÜR 8 PERSONEN

½ Bund glatte Petersilie
250 g Ricotta
Salz und Pfeffer
4 Scheiben geräucherter Lachs
1 rechteckiger Pizzateig (aus dem Kühlregal)
1 Eigelb, verquirlt

ZUBEREITUNG

- Den Backofen auf 210°C (Ober- und Unterhitze) vorheizen. Ein Backblech mit Backpapier auslegen.
- Die Petersilie hacken und mit dem Ricotta in einer Schüssel vermischen. Abschmecken. Den Lachs in ca. 3 cm breite Streifen schneiden.
- Den Teig ausrollen und quer zu einer langen Seite 2 cm breite Streifen bis zur Hälfte des Teigs einschneiden. Ca. 10 cm von der eingeschnittenen Kante entfernt einen Streifen Lachs auf die Länge des Teigs legen. Mit der Ricottamischung bestreichen, dann den übrigen Lachs darüberlegen. Den intakten Teil des Teigs über die Füllung legen und alles bis zu den Einschnitten aufrollen.
- Die Teigstreifen um die Rolle legen und das Ganze zu einem Kranz formen. Die Enden zusammendrücken und die Naht unter einem Teigstreifen verstecken. Auf das vorbereitete Backblech legen und mit dem Eigelb bestreichen.
- 20 Minuten im vorgeheizten Ofen backen. Heiß oder lauwarm servieren.

Käse-Ei-Krone

VORBEREITEN: 20 MIN. | BACKEN: 20 MIN.

FÜR 6 PERSONEN

4 Scheiben Bacon
1 Knoblauchzehe
6 Stängel Petersilie
5 Eier
1 TL Pflanzenöl
1 runder Pizzateig (aus dem Kühlregal)
1 Ofenkäse
1 Kugel Mozzarella
1 Eigelb, verquirlt

ZUBEREITUNG

- Den Backofen auf 170°C (Ober- und Unterhitze) vorheizen. Ein Backblech mit Backpapier auslegen.
- Die Baconscheiben auf das vorbereitete Backblech legen und 10 Minuten im Ofen rösten, dann beiseitelegen. Die Ofentemperatur auf 210°C erhöhen.
- Knoblauch und Petersilie fein hacken und mit den Eiern verrühren. Das Öl in einer Pfanne erhitzen und das Ei darin zu Rührei verarbeiten. Beiseitestellen.
- Den Teig ausrollen und in zwölf gleich große Stücke schneiden. Die einzelnen »Tortenstücke« so auf dem Backblech arrangieren, dass die Spitzen nach außen zeigen und einen Stern bilden. Die Mitte frei lassen.
- In die Mitte den Ofenkäse setzen und das Rührei eng um den Käse legen. Den Mozzarella in Scheiben schneiden und aufs Rührei legen. Mit dem Bacon bedecken.
- Die Teigspitzen nach innen klappen und in der Mitte zu einer kleinen Kugel formen.
- Mit dem Eigelb bestreichen und 20 Minuten im vorgeheizten Ofen backen.
- Heiß oder lauwarm servieren.

Käse im Teigmantel

VORBEREITEN: 10 MIN. | BACKEN: 20 MIN.

FÜR 4 PERSONEN

2 Zwiebeln
100 g Speck
1 TL Pflanzenöl
1 ganzer Reblochon oder Camembert
1 runder Pizzateig (aus dem Kühlregal)
1 Eigelb, verquirlt
1 EL Mohn

ZUBEREITUNG

- Den Backofen auf 210°C (Ober- und Unterhitze) vorheizen. Ein Backblech mit Backpapier auslegen.
- Zwiebeln und Speck fein würfeln und in einer heißen Pfanne mit Öl anbraten.
- Den Käse wie ein Burgerbun aufschneiden und mit Zwiebeln und Speck belegen.
- Den Teig ausrollen und den Käse in die Mitte setzen. Den überstehenden Teig in acht Stücke schneiden und jedes Stück über den Käse klappen. Die Nahtstellen gut zusammendrücken. Den überlappenden Teig in der Mitte abschneiden, verkneten, ausrollen und ein großes Motiv ausschneiden oder ausstechen.
- Den Käse im Teigmantel vorsichtig wenden, sodass die glatte Seite oben liegt und das Motiv (hier Elch) darauflegen. Mit dem Eigelb bestreichen. Unterhalb der Elchhufe Mohn als Boden aufstreuen.
- 20 Minuten im vorgeheizten Ofen backen. Heiß oder lauwarm servieren.

Ricottazopf

VORBEREITEN: 10 MIN. | KÜHLEN 10MIN. | BACKEN: 25 MIN.

FÜR 6 PERSONEN

6–7 Stängel glatte Petersilie
250 g Ricotta
1 rechteckiger Pizzateig (aus dem Kühlregal)
4 Scheiben roher Schinken
1 Eigelb, verquirlt

ZUBEREITUNG

- Den Backofen auf 210°C (Ober- und Unterhitze) vorheizen. Ein Backblech mit Backpapier auslegen.
- Die Petersilie hacken und mit dem Ricotta verrühren. Den Teig ausrollen und den Ricotta darauf verstreichen. Mit Schinkenscheiben belegen und den Teig von einer Längsseite aus fest zusammenrollen.
- Für 10 Minuten in den Tiefkühler legen, dann längs halbieren.
- Die beiden Stränge miteinander verdrehen und den Zopf auf das vorbereitete Backblech legen.
- Mit dem Eigelb bestreichen und 25 Minuten im vorgeheizten Ofen backen.
- Lauwarm oder warm servieren.

Veggie-Zopf

VORBEREITEN 10 MIN. | BACKEN 25 MIN.

FÜR 6 PERSONEN

1 rechteckiger Pizzateig (aus dem Kühlregal)
½ Ziegenkäserolle
1 Kugel Mozzarella
100 g grünes Pesto
100 g passierte Tomaten
100 g Crème fraîche
100 g Artischockenböden (aus der Dose)
Salz und Pfeffer
6–7 Stängel Petersilie
1 Eigelb, verquirlt

ZUBEREITUNG

- Den Backofen auf 210°C (Ober- und Unterhitze) vorheizen. Ein Backblech mit Backpapier auslegen.
- Den Teig ausrollen und längs in drei Streifen schneiden.
- Ziegenkäse und Mozzarella separat in Stücke schneiden. Den ersten Teigstreifen mit Pesto bestreichen und mit Ziegenkäse belegen, den zweiten mit passierten Tomaten und Mozzarella, den dritten mit Crème fraîche und Artischocken. Mit Salz und Pfeffer würzen. Jeden Streifen zu einem Strang formen, dazu die langen Kanten zusammendrücken.
- Die drei Teigstränge oben miteinander verbinden, dann vorsichtig zu einem festen Zopf flechten. Die unteren Enden nach unten einschlagen.
- Den Zopf aufs Backblech legen und die Oberfläche mit dem Eigelb bestreichen.
- 25 Minuten im vorgeheizten Ofen backen. Heiß oder lauwarm servieren.

Salamischnecken

VORBEREITEN: 10 MIN. | BACKEN: 25 MIN.

FÜR 8 PERSONEN

1 Chorizo oder Salami
12 Ecken Schmelzkäse
2 Portionen rechteckiger Pizzateig (aus dem Kühlregal)
1 Eigelb, verquirlt
1 EL Mohn

ZUBEREITUNG

- Den Backofen auf 210°C (Ober- und Unterhitze) vorheizen. Ein Backblech mit Backpapier auslegen.
- Die Salami pellen und mit dem Schmelzkäse pürieren.
- Die Pizzateige nebeneinanderlegen. 1-cm-Rand eines Teigs mit Wasser bestreichen und den anderen Teig mit 1 cm Überlappung darauflegen. Fest andrücken.
- Die Käsemischung auf dem ganzen Teig verstreichen, dann den Teig fest aufrollen.
- Die Rolle in elf Stücke schneiden, dabei nicht ganz durchschneiden, damit die Rolle sich beim Backen nicht löst. Die Stücke abwechselnd nach rechts und links schieben (siehe Foto rechts).
- Die Oberfläche mit dem Eigelb bestreichen und mit Mohn bestreuen.
- 25 Minuten im vorgeheizten Ofen backen. Heiß oder lauwarm servieren.

Kräuterbutterschnecken

VORBEREITEN: 15 MIN. | RUHEN 50 MIN. | BACKEN: 30 MIN.

FÜR 4 SCHNECKEN

½ Knoblauchknolle
1 Bund Petersilie
250 g weiche Butter
Salz
2 Portionen rechteckiger Pizzateig (aus dem Kühlregal)
Mehl zum Arbeiten

ZUBEREITUNG

- Den Knoblauch schälen und mit der Petersilie in einem Mixer pürieren. Nach und nach die Butter einarbeiten, bis eine glatte Paste entsteht. Kräftig salzen.
- Einen Teig ausrollen. Drei Viertel der Kräuterbutter auf einer Teigplatte verstreichen, dabei rundum 3 cm aussparen. Die zweite Teigplatte darüberlegen. Die Teigränder fest zusammendrücken.
- Die übrige Kräuterbutter auf eine Hälfte der Teigportionen streichen, dabei wieder 3 cm Rand aussparen. Die freie Teighälfte darüberklappen und die Ränder zusammendrücken. Für 10 Minuten in den Tiefkühler legen.
- Den Teig auf die leicht bemehlte Arbeitsfläche legen und auf die dreifache Größe ausrollen. Jeweils ein Drittel nach innen falten und wieder für 10 Minuten in den Tiefkühler legen.
- Den Backofen auf 210°C (Ober- und Unterhitze) vorheizen. Zwei runde Kuchenformen einfetten.
- Den Teig auf der Arbeitsfläche um 90 Grad drehen und nochmals ausrollen und falten. Wieder für 10 Minuten in den Tiefkühler legen.
- Nun den Teig auf die Größe eines Backblechs ausrollen und längs durchschneiden, sodass zwei Streifen entstehen. Jeden Streifen längs falten und fest aufrollen.
- Die beiden Teigschnecken in die vorbereiteten Formen legen und 30 Minuten im vorgeheizten Ofen backen. Heiß oder lauwarm servieren.

Bologneße-Schnecken

VORBEREITEN: 15 MIN. | KÜHLEN 10 MIN. | BACKEN: 20 MIN.

FÜR 8 PERSONEN

1 Zwiebel
1 TL Olivenöl
350 g Rinderhackfleisch
100 g passierte Tomaten
Salz und Pfeffer
Butter zum Einfetten
1 rechteckiger Pizzateig (aus dem Kühlregal)
1 Kugel Mozzarella
2 Stängel Petersilie

ZUBEREITUNG

- Die Zwiebel schälen und hacken. Das Öl in einer Pfanne erhitzen und die Zwiebel mit dem Hackfleisch darin anbräunen. Die passierten Tomaten einrühren. Alles zum Kochen bringen und 10 Minuten köcheln lassen. Abschmecken und abkühlen lassen.
- Den Backofen auf 210°C (Ober- und Unterhitze) vorheizen. Eine runde Kuchenform einfetten.
- Den Teig ausrollen und die Fleischsauce darauf verstreichen. Den Mozzarella in Scheiben schneiden und darüber verteilen. Den Teig fest aufrollen und für 10 Minuten in den Tiefkühler legen.
- Die Rolle in acht Scheiben schneiden und diese in die Kuchenform legen.
- 20 Minuten im vorgeheizten Ofen backen und gehackter Petersilie bestreut sofort servieren.

Piadina

VORBEREITEN: 5 MIN. | BACKEN: 8–10 MIN.

FÜR 8 PERSONEN

1 EL Olivenöl
2 Portionen runder Pizzateig (aus dem Kühlregal)
1 Kugel Mozzarella
8 Scheiben Salami
2 Scheiben Kochschinken
Salz und Pfeffer

ZUBEREITUNG

- Das Olivenöl in einer großen Pfanne auf mittlerer Stufe erhitzen und einen Pizzateig hineinlegen. Den Mozzarella in Scheiben schneiden.
- Salami, Schinken und Mozzarella auf dem Teig in der Pfanne verteilen, dabei einen Rand von 2 cm frei lassen. Mit Salz und Pfeffer würzen.
- Mit dem anderen Teig bedecken und einen Pizzarand formen.
- 4–5 Minuten in der Pfanne backen. Sobald der Teig sich vom Pfannenrand löst, wenden und weitere 4–5 Minuten backen.
- Die Piadina heiß oder lauwarm servieren.

Pizza-Bagels

VORBEREITEN: 10 MIN. | BACKEN: 10 MIN.

FÜR 4 PERSONEN

1 Pizzateig
1 Kugel Mozzarella
10 Kirschtomaten
4–5 kleine Champignons
10 entsteinte grüne und schwarze Oliven
1 Scheibe roher Schinken
100 g passierte Tomaten
Salz und Pfeffer
ein paar Rucolablätter

ZUBEREITUNG

- Den Backofen auf 210°C (Ober- und Unterhitze) vorheizen.
- Den Pizzateig ausrollen und mithilfe einer kleinen Schüssel vier Teigkreise ausstechen. In der Mitte mit einem Schnapsglas ein Loch ausstechen.
- Den Mozzarella in Stücke schneiden. Die Kirschtomaten halbieren und Champignons sowie Oliven in feine Scheiben schneiden. Den Schinken in Stücke zupfen.
- Die passierten Tomaten auf dem Teig verstreichen und mit Mozzarella bestreuen.
- Die Bagels nach Geschmack mit Kirschtomaten, Champignons, Oliven und Schinken belegen. Mit Salz und Pfeffer würzen.
- 10 Minuten im vorgeheizten Ofen backen. Mit Rucola garnieren und heiß oder lauwarm servieren.

Calzone mit viererlei Käse

VORBEREITEN: 10 MIN. | BACKEN: 15 MIN.

FÜR 6 PERSONEN

2 Portionen runder Pizzateig (aus dem Kühlregal)
100 g passierte Tomaten
Salz und Pfeffer
1 TL getrockneter Oregano
100 g Camembert
1 Kugel Mozzarella
½ Ziegenkäserolle
6 Scheiben Cheddar

ZUBEREITUNG

- Den Backofen auf 250°C (Ober- und Unterhitze) vorheizen. Ein Backblech mit Backpapier belegen.
- Einen Pizzateig auf dem vorbereiteten Backblech ausrollen, die passierten Tomaten darauf verstreichen, dabei einen Rand von 3 cm aussparen Mit Salz, Pfeffer und Oregano bestreuen.
- Camembert, Mozzarella und Ziegenkäse in Stücke schneiden und den ganzen Käse auf dem Teig verteilen.
- Drei Trinkhalme wie Speichen so auf die Pizza legen, dass sie zu drei Vierteln über den Teig hinausragen. Den anderen Teig darüberlegen, die Ränder fest zusammendrücken und zu einem schönen Pizzarand formen. Die Pizza mithilfe der Trinkhalme aufblasen, diese herausziehen und das Loch zügig verschließen.
- Sofort im vorgeheizten Ofen 15 Minuten backen. Heiß oder lauwarm servieren.

Pizzaburger für den großen Hunger

VORBEREITEN: 10 MIN. | BACKEN: 15 MIN.

FÜR 8 PERSONEN

2 Tomaten
7 Scheiben Bacon
2 Portionen runder Pizzateig (aus dem Kühlregal)
1 Eigelb, verquirlt
2 EL Sesamsaat
350 g Rinderhackfleisch
Salz und Pfeffer
1 EL Olivenöl
8 Scheiben Cheddar
8 Scheiben Emmentaler
1 Handvoll Salatblätter
3 EL Senf

ZUBEREITUNG

- Den Backofen auf 170°C (Ober- und Unterhitze) vorheizen.
- Die Tomaten in Scheiben schneiden. Die Baconscheiben 10 Minuten im vorgeheizten Backofen rösten. Beiseitestellen.
- Die Backofentemperatur auf 210°C erhöhen. Die Teigportionen ausrollen und mithilfe einer kleinen Schüssel in der Mitte je einen Teigkreis ausstechen. Die Ringe mit dem Eigelb bestreichen, einen Ring mit dem Sesam bestreuen. Beide Teigringe 10 Minuten im vorgeheizten Ofen backen.

- Das Hackfleisch mit Salz und Pfeffer würzen und zu einem Patty in der Größe der Teigkreise formen. Das Olivenöl in einer Pfanne erhitzen und das Hackfleisch darin von beiden Seiten gar braten. Auf den Ring ohne Sesam zuerst Cheddar, dann Fleisch und Emmentaler legen und weitere 2–3 Minuten im Ofen backen, bis der Käse geschmolzen ist.
- Aus dem Ofen nehmen und mit Bacon, Tomaten und Salat belegen. Den Senf auf die Unterseite des Sesamrings streichen und den Burgerring damit bedecken. Sofort servieren, zum Beispiel mit Pommes frites.

Fleischbällchen-Wraps

VORBEREITEN: 10 MIN. | BACKEN: 10 MIN.

FÜR 3 WRAPS

½ Zwiebel
6–7 Stängel Petersilie
350 g Rinderhackfleisch
Salz und Pfeffer
2 EL Olivenöl
1 Pizzateig (aus dem Kühlregal)
6 Scheiben Cheddar
6 Scheiben Emmentaler
1 Tomate
1 Handvoll Salatblätter

ZUBEREITUNG

- Die Zwiebel schälen und in feine Würfel schneiden, die Petersilie hacken. Beides mit dem Hackfleisch vermischen, mit Salz und Pfeffer würzen und zu Fleischbällchen rollen. 1 Esslöffel Öl in einer Pfanne erhitzen und die Fleischbällchen darin rundum anbräunen. Herausnehmen und beiseitelegen.
- Den Teig ausrollen und mithilfe einer Schüssel drei Teigkreise ausstechen. Von beiden Seiten mit dem verbliebenen Öl einpinseln und 4–5 Minuten von jeder Seite in der Pfanne braten. Nach dem Wenden auf jeden Kreis je 2 Scheiben Cheddar und Emmentaler legen, damit der Käse schmelzen kann.
- Die Tomate in Scheiben schneiden. Am Ende der Garzeit Tomaten, Salat und Hackbällchen auf den Käse legen und die Wraps mit einem Zahnstocher verschließen. Heiß servieren.

Artischockensnack

VORBEREITEN: 10 MIN. | BACKEN: 20 MIN.

FÜR 8 PERSONEN

1 rechteckiger Pizzateig (aus dem Kühlregal)
100 g passierte Tomaten
1 Kugel Mozzarella
3 Scheiben Kochschinken
100 g Artischocken (aus dem Glas)
Salz und Pfeffer

ZUBEREITUNG

- Den Backofen auf 210°C (Ober- und Unterhitze) vorheizen.
- Den Teig ausrollen und die passierten Tomaten darauf verstreichen. Den Mozzarella in Scheiben schneiden, den Schinken in Stücke zupfen und die Artischocken bei Bedarf halbieren.
- Mozzarella, Schinken und Artischocken gleichmäßig auf dem Teig verteilen, mit Salz und Pfeffer würzen und den Teig von der langen Kante aus fest aufrollen.
- 20 Minuten im vorgeheizten Ofen backen. Schräg in acht Stücke schneiden und sofort servieren.

Schinkenwaffeln

VORBEREITEN: 5 MIN. | BACKEN: 4 MIN.

FÜR 4 PERSONEN

2 Portionen Pizzateig (aus dem Kühlregal)
100 g grünes Pesto
2 Scheiben roher Schinken

ZUBEREITUNG

- Den Teig ausrollen und in vier gleich große Rechtecke oder Kreise schneiden, die gut in Ihr Waffeleisen passen.
- Zwei Teigstücke mit Pesto bestreichen, dabei rundum einen Rand von 2 cm aussparen, und mit Schinken belegen.
- Die beiden übrigen Teigstücke darüberlegen und an den Rändern gut zusammendrücken.
- Ca. 4 Minuten im Waffeleisen backen. Warm oder lauwarm servieren.

Rosenkuchen mit Zimt

VORBEREITEN: 15 MIN. | RUHEN 50 MIN. | BACKEN: 30 MIN.

FÜR 6 PERSONEN

2 Portionen Pizzateig (aus dem Kühlregal)
250 g weiche Butter
100 g Zucker
5 TL Zimtpulver
Mehl zum Arbeiten

ZUBEREITUNG

- Eine Teigportion ausrollen und drei Viertel der Butter darauf verstreichen, dabei einen Rand von 3 cm aussparen.
- Zimt und Zucker zusammen vermischen. Dann 2/3 der Mischung auf den Teig streuen. Den anderen Teig darüberlegen. Die Ränder fest zusammendrücken.
- Übrige Butter, übrigen Zucker und Zimt auf der Hälfte des Teigs verteilen, dabei einen Rand von 3 cm aussparen. Den Teig so zusammenklappen, dass die Füllung bedeckt ist und die Ränder zusammendrücken.
  Für 10 Minuten in den Tiefkühler legen.
- Den Teig so auf die leicht bemehlte Arbeitsfläche legen, dass die vordere Naht rechts liegt, und auf die dreifache Größe ausrollen. Den Teig zweimal falten (jeweils ein Drittel nach innen) und wieder für 10 Minuten in den Tiefkühler legen.
- Den Arbeitsschritt Ausrollen, Falten und Kühlen noch einmal wiederholen.
- Den Backofen auf 210°C (Ober- und Unterhitze) vorheizen. Eine Springform einfetten.
- Den Teig auf der Arbeitsfläche um 90 Grad drehen und den Arbeitsschritt Ausrollen und Falten wiederholen. Wieder für 10 Minuten in den Tiefkühler legen.
- Nun den Teig auf die Größe des Backblechs ausrollen und längs in drei Streifen schneiden. Die Streifen aufrollen und jeweils in 8–10 cm breite Stücke schneiden. Die Stücke in die gefettete Springform setzen und 30 Minuten im vorgeheizten Ofen backen. Heiß oder lauwarm servieren.

Empanadas mit Schoko & Banane

VORBEREITEN: 5 MIN. | BACKEN: 18 MIN.

FÜR 4 EMPANADAS

1 Pizzateig (aus dem Kühlregal)
100 g Nuss-Nougat-Creme
1 Banane
1 Eigelb, verquirlt

ZUBEREITUNG

- Den Backofen auf 210°C (Ober- und Unterhitze) vorheizen.
- Den Teig ausrollen und mithilfe einer kleinen Schüssel vier Teigkreise ausstechen. Jeden mit ¼ der Nuss-Nougat-Creme bestreichen, dabei rundum 1–2 cm frei lassen. Die Banane in dünne Scheiben schneiden und diese gleichmäßig über der Nuss-Nougat-Creme verteilen.
- Die Kreise zu Halbmonden umklappen und die Ränder fest zusammendrücken. Mit dem Eigelb bestreichen und mit einer Messerspitze ein Muster in die Oberfläche einritzen (nicht durchschneiden).
- 18 Minuten im vorgeheizten Ofen backen. Heiß oder lauwarm servieren.

Cremeschnitten

VORBEREITEN: 15 MIN. | BACKEN: 15 MIN.

FÜR 6 PERSONEN

½ Liter Milch
100 g Zucker
2 + 1 Eigelb, verquirlt
50 g Mehl
30 g Butter
1 rechteckiger Pizzateig (aus dem Kühlregal)
100 g Schokotropfen

ZUBEREITUNG

- Die Milch mit der Hälfte des Zuckers in einen Topf geben und zum Kochen bringen.
- Währenddessen 2 Eigelb mit dem übrigen Zucker in einer hitzebeständigen Schüssel verrühren. Das Mehl und etwas heiße Milch einrühren, sodass ein glatter Teig entsteht.
- Sobald die Milch kocht, vom Herd nehmen und in den Teig rühren.
- Zurück auf den Herd stellen und erneut zum Kochen bringen. Sobald die Mischung kocht, vom Herd nehmen und die Butter unterrühren. Die Creme abkühlen lassen.
- Den Backofen auf 210°C (Ober- und Unterhitze) vorheizen.
- Den Pizzateig ausrollen und in 5 cm breite Streifen schneiden und mit dem Backpapier aufs Backblech legen. Die Teigstreifen jeweils zur Hälfte mit der Buttercreme bestreichen. Mit den Schokotropfen bestreuen. Die freie Teighälfte über die Creme klappen und die Oberfläche mit Eigelb bestreichen.
- 15 Minuten im vorgeheizten Ofen backen. Heiß oder lauwarm servieren.

Zuckerstangen

VORBEREITEN: 10 MIN. | RUHEN 10 MIN. | BACKEN: 30 MIN.

FÜR 8 PERSONEN

2 Portionen Pizzateig (aus dem Kühlregal)
250 g weiche Butter
100 g brauner Zucker plus etwas mehr zum Bestreuen

ZUBEREITUNG

- Eine Teigportion ausrollen. Drei Viertel der Butter darauf verstreichen, dabei rundum einen Rand von 3 cm aussparen. Mit drei Viertel des Zuckers bestreuen. Die zweite Teigplatte darauflegen und die Ränder fest zusammendrücken.
- Übrige Butter und übrigen Zucker auf der Hälfte verteilen, dabei einen Rand von 3 cm aussparen.
- Den Teig in der Mitte über die bestrichene Hälfte falten und an den Rändern fest zusammendrücken.
- Für 10 Minuten in den Tiefkühler legen.
- Den Backofen auf 210°C (Ober- und Unterhitze) vorheizen.
- Mit einem Nudelholz darüberrollen, dann den Teig in 4–5 cm breite Streifen schneiden und diese verdrehen. Mit Zucker bestreuen und 30 Minuten im vorgeheizten Ofen backen. Heiß oder lauwarm servieren.

Schoko-Marshmallow-Brot

VORBEREITEN: 10 MIN. | BACKEN: 20 MIN.

FÜR 8 PERSONEN

1 Pizzateig (aus dem Kühlregal)
2 Tafeln Schokolade (200 g)
10 Marshmallows
1 Eigelb, verquirlt

ZUBEREITUNG

- Den Backofen auf 210°C (Ober- und Unterhitze) vorheizen.
- Den Teig mit dem Backpapier ausrollen. Die Schokolade längs in die Mitte legen und die Marshmallows darauf verteilen. Rechts und links von der langen Seite der Schokolade ausgehend 2 cm breite Teigstreifen schneiden.
- Die Teigstreifen über und unter den kurzen Seiten der Schokolade über die Tafel falten. Dann die Streifen abwechselnd so über die Schokolade klappen, dass sie gut umschlossen ist. Die Oberfläche mit dem Eigelb bestreichen.
- 20 Minuten im vorgeheizten Ofen backen. Warm servieren, sodass die Schokolade noch flüssig ist.

DANKSAGUNG

Ein großes Dankeschön an Emmanuel, Rose-Marie und Agathe für ihr Vertrauen und ihre Mühe! Danke an David und Christine für ihre gute Laune und ihre Warmherzigkeit. Ich liebe es, mit euch zu arbeiten. Danke an meinen kleinen Engel, dass du auf mich aufpasst und meine Tage bereicherst. Was würde ich ohne dich tun?
Danke an Christelle und Franck, meine beiden Stützen. Ein dicker Kuss an Camille, eine begnadete kubanische Salsatänzerin und Expertin für Reisetipps.
Und schließlich ein dicker Kuss an Dico, meine Prinzessin!

ISBN 978-3-8094-4077-2

1. Auflage

Originaltitel:Juste Une Pâte à Pizza

Rezepte: Guillaume Marinette
Fotos: David Japy
Styling: Christine Legeret
Umschlaggestaltung: Atelier Versen, Bad Aibling
Herstellung: Elke Cramer
Projektleitung: Macielle Christin Montoya Barea

Realisierung der deutschen Ausgabe:
trans texas publishing services GmbH, Köln
Übersetzung: Antje Seidel, Köln
Satz: Satzwerk Huber, Germering
Druck + Bindung: Firmengruppe AAPPL, Wemding

Penguin Random House Verlagsgruppe FSC ® N001967

Printed in Germany